Nuestro gobierno

Las tres ramas

Shelly Buchanan, M.S.Ed.

Asesora

Caryn Williams, M.S.Ed.
Madison County Schools
Huntsville, AL

Créditos de imágenes: Portada y pág. 1 Pgiam/iStock; pág. 4 Dave Pattison/Alamy; pág. 14 nsf/Alamy; pág. 9 (arriba) J. Scott Applewhite/Associated Press; pág. 29 (abajo) Ron Edmonds/Associated Press; pág. 17 Everett Collection/ Newscom; págs. 24–25 (fondo) Alex Wong/Getty Images; pág. 15 Dirck Halstead/Time Life Pictures/Getty Images; pág. 27 Washington Post/Getty Images; pág. 6 Washington Post/Getty Images; pág. 12 The Granger Collection, NYC/ The Granger Collection; pág. 5 HultonArchive/iStock; pág. 10 (izquierda) LOC, LC-DIG-hec-35541; pág. 16 (abajo) LOC, LC-USZ62-7449 The Library of Congress; pág. 23 (derecha) Dennis Brack bb37/Newscom; págs. 8–9 (fondo) Jim Lo Scalzo/EPA/Newscom; pág. 18 Martin H. Simon/UPI/ Newscom; pág. 11 Scott J. Ferrell/Congressional Quarterly/ Newscom; pág. 19 (abajo) ZUMA Press/Newscom; págs. 20–21 (arriba y a la derecha) North Wind Picture Archives; pág. 25 (arriba) The U.S. National Archives; pág. 7, pág. 10 (derecha), pág. 13, pág. 19 (arriba), pág. 22, pág. 23 (izquierda), págs. 28–29 Wikimedia Commons; todas las demás imágenes pertenecen a Shutterstock.

Teacher Created Materials
5301 Oceanus Drive
Huntington Beach, CA 92649-1030
http://www.tcmpub.com
ISBN 978-1-4938-0594-5

Índice

Nace un nuevo país

En 1783, Estados Unidos ganó una guerra contra Gran Bretaña. Ahora era un país independiente. ¡Finalmente era libre! Este nuevo país se llamaría *Estados Unidos de América*.

Los primeros líderes de Estados Unidos sabían que necesitaban un gobierno fuerte para manejar todo el país. Lo necesitaban para ayudar a los estados y mantenerlos a salvo.

Los líderes se reunieron en Filadelfia. Querían crear una **democracia**. Esto es cuando todo el mundo tiene una voz y un **voto**. No querían que una sola persona tuviera demasiado poder. La Constitución de EE. UU. explicaría cómo todo esto debería funcionar.

Los líderes se reunieron en el Salón de la Independencia en Filadelfia.

George Washington regresa a Nueva York después de ganar la guerra.

La Revolución estadounidense

A los estadounidenses no les gustaba ser gobernados por el rey de Gran Bretaña. Les parecía que era injusto. Entonces, fueron a la guerra para ganar su libertad. Esta guerra se conoce como la *Revolución estadounidense*. George Washington dirigió el ejército estadounidense durante la Revolución estadounidense.

Separación de poderes

La Constitución de EE. UU. es el principal conjunto de leyes para nuestro país. Dice cómo debe funcionar nuestro gobierno. También enumera todas las cosas que los estadounidenses pueden hacer y deben tener. Estos son los *derechos*.

La Constitución de EE. UU. dice que el gobierno debe estar dividido en tres ramas o partes. Cada rama tiene sus propias tareas y toma decisiones importantes. Una rama siempre controla el trabajo de las otras dos ramas. Este sistema se llama *controles y contrapesos*. Evita que una rama tenga demasiado poder. Las ramas trabajan juntas y protegen los derechos de las personas.

El presidente George W. Bush firma una ley en 2008.

Controles y contrapesos

EL PRESIDENTE

- Puede rechazar leyes
- Designa a los magistrados de la Corte Suprema

RAMA EJECUTIVA

CONGRESO

- Puede rechazar las decisiones del presidente
- Puede limitar los gastos del dinero federal
- Puede destituir al presidente

RAMA LEGISLATIVA

RAMA JUDICIAL

CORTE SUPREMA

- Puede rechazar leyes que son inconstitucionales

La rama legislativa

La rama legislativa se compone de dos grupos. Un grupo es la Cámara de **Representantes** o simplemente la *Cámara*. El otro grupo es el Senado. Juntos se conocen como el Congreso. El Congreso se compone de líderes de cada estado.

La Constitución de EE. UU. explica la función del Congreso. Su principal tarea es crear leyes. Esto ayuda a que nuestro gobierno funcione sin problemas. Las leyes permiten que el gobierno cobre **impuestos**. Estos impuestos pagan el gobierno. Pagan nuevas carreteras y puentes. También pagan nuestras **fuerzas armadas**. Estos son los soldados que mantienen seguro a nuestro país.

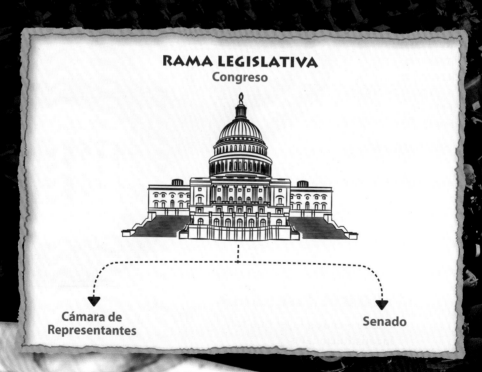

RAMA LEGISLATIVA
Congreso

Cámara de Representantes

Senado

Fabricantes de dinero

El Congreso también se encarga de imprimir nuestro dinero. Antes de la Constitución de EE. UU., cada estado imprimía su propio dinero. ¡Esto era muy confuso! Hoy en día, todos los estadounidenses usan el mismo dinero.

El presidente Obama habla ante el Congreso.

La Cámara de Representantes

La Cámara es mucho más grande que el Senado. Cada estado envía representantes a la Cámara. Los estados más grandes envían más personas. Los estados más pequeños envían menos personas. Esto significa que los estados más grandes tienen más poder en la Cámara.

Cada miembro de la Cámara **representa** un área de su estado. Las personas de cada área eligen al miembro mediante votación. Actualmente, la Cámara tiene 435 miembros.

Los miembros desempeñan sus funciones en la Cámara por dos años. Transcurridos los dos años, las personas en los estados de los miembros votan. Pueden votar para mantener a los mismos representantes o pueden votar por representantes nuevos.

La Cámara hace las leyes sobre los impuestos. También decide si un miembro debe ser destituido de la Cámara. Esto puede suceder si la gente piensa que el miembro infringió una ley.

Edith Nourse Rogers se convierte en la primera mujer en dirigir una sesión en la Cámara de Representantes en 1929.

U.S. HOUSE OF REPRESENTATIVES

Reglas para ser representante

Para ser representante, debes tener al menos 25 años de edad. También debes haber sido **ciudadano** estadounidense por al menos siete años. Y debes vivir en el estado que quieres representar.

Los miembros de la Cámara de Representantes posan para una fotografía en las escalinatas del Capitolio de EE. UU.

El Senado

Al igual que la Cámara, el Senado está compuesto por representantes de cada estado. Pero el Senado solo tiene dos miembros de cada estado. Así que cada estado tiene el mismo poder en el Senado.

El Senado tiene 100 miembros. Cada miembro puede desempeñar sus funciones por seis años. Las personas pueden votar para que ese miembro se quede o pueden votar por un nuevo miembro.

El Senado de EE. UU. en sesión en 1836.

The Senate of the United States.

El Senado hace un trabajo importante. Supervisa los **tratados** que realiza el presidente. Son acuerdos con otros países. El Senado tiene la última palabra sobre estos tratados. También vota sobre las personas que el presidente quiere contratar.

Senado de EE. UU., 2010

Reglas para ser senador

Para ser senador, debes tener al menos 30 años de edad. También debes haber sido ciudadano estadounidense por al menos nueve años. Y debes vivir en el estado que quieres representar.

La rama ejecutiva

El presidente es el máximo líder de Estados Unidos. Dirige la rama ejecutiva. Es una importante tarea. ¡Cerca de cuatro millones de personas trabajan para esta rama!

El presidente se asegura de que nuestro país funcione sin problemas. Debe seguir las reglas de la Constitución de EE. UU. Por ejemplo, el presidente no puede aprobar una nueva ley solo. Primero, el Congreso tiene que estar de acuerdo en que debería haber una ley. Luego, se podrá aprobar. Es una regla de la Constitución.

El presidente Ronald Reagan firma una nueva ley.

Muchas personas ayudan al presidente. A este grupo de personas se les llama el *gabinete*. El gabinete ayuda a administrar las diferentes partes del gobierno. También mantiene al presidente informado. Le informa sobre los eventos que ocurren en el mundo. Esto ayuda a que el presidente trabaje con los líderes de otros países.

Reglas para ser presidente

Para ser presidente, debes tener 35 años de edad. Debes ser un ciudadano nacido en Estados Unidos. Y debes haber vivido en Estados Unidos por lo menos durante 14 años.

El presidente Bill Clinton realiza su juramento como 42.º presidente de Estados Unidos.

Los presidentes representan a nuestro país en los asuntos internacionales. ¡Esto significa que viajan mucho! Recorren el mundo para reunirse con otros líderes. Tratan de mantener la paz. Hacen planes para el futuro.

El presidente también es el comandante en jefe. Esto significa que está a cargo de las fuerzas armadas. El presidente las puede enviar a otros países. Pero el Congreso tiene que estar de acuerdo para poder enviar soldados a combatir. El presidente no puede iniciar una guerra por sí solo. Solo el Congreso puede enviar al país a la guerra. Esto evita que el presidente sea demasiado poderoso.

Alto vuelo

Cuando el presidente viaja, lo hace en el avión presidencial llamado Fuerza Aérea Uno. Es un avión especial que es solo para el presidente.

El presidente Roosevelt (abajo, centro) se reúne con líderes mundiales para tratar la paz durante la Segunda Guerra Mundial.

El presidente George H. W. Bush en la cena de Acción de Gracias con las tropas de Estados Unidos en 1990.

El presidente Barack Obama firma un proyecto de ley.

En Estados Unidos, las personas eligen al presidente mediante votación. La persona que obtenga más votos se convierte en el nuevo presidente. Esto sucede cada cuatro años. Una persona puede ser presidente solo dos veces. Esto significa que nadie puede ser presidente durante más de ocho años.

El presidente trabaja en estrecha colaboración con el Congreso. El Congreso aprueba los **proyectos de ley**. Cada proyecto de ley se envía al presidente. Este puede firmarlo. Así, el proyecto de ley se convierte en ley. El presidente también puede enviar el proyecto de ley de nuevo al Congreso para que se cambie. O puede **vetar** el proyecto de ley. Vetar significa que se rechaza el proyecto de ley. Esto evita que el Congreso sea demasiado poderoso. Es parte del sistema de controles y contrapesos.

el vicepresidente Joe Biden

Vicepresidente

El vicepresidente también es parte de la rama ejecutiva. La principal tarea del vicepresidente es asumir funciones si el presidente no puede realizar su trabajo.

firma del presidente Obama

19

La rama judicial

La Corte Suprema lidera la rama judicial. Es el más alto tribunal del país. Está a cargo de todos los tribunales. La Corte Suprema se encarga de los casos más importantes de Estados Unidos. Escucha a personas que no se ponen de acuerdo en algo. Luego, toma una decisión según lo que dice la ley. Esto se llama un **fallo**. Todos los tribunales deben respetar lo que indique la Corte Suprema. Sus fallos se convierten en ley.

La Corte Suprema intenta tratar a todas las personas de manera justa. Los jueces de la Corte Suprema se llaman **magistrados**. Cada año, eligen unos 100 casos para tratar. Dictan fallos basados en la Constitución de EE. UU.

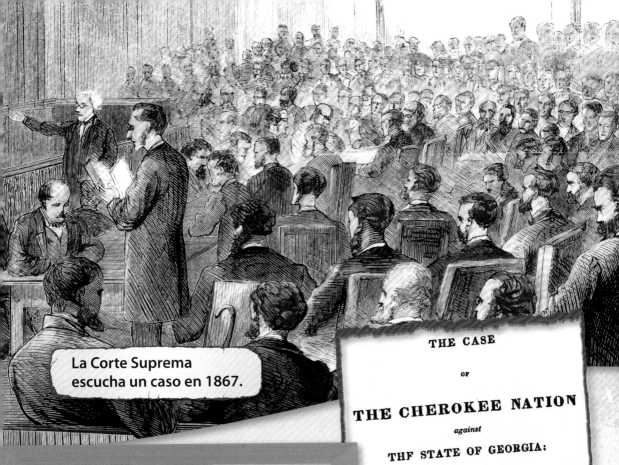

La Corte Suprema escucha un caso en 1867.

edificio de la Corte Suprema

caso de la Corte Suprema de EE. UU.

THE CASE

OF

THE CHEROKEE NATION

against

THE STATE OF GEORGIA:

ARGUED AND DETERMINED AT

THE SUPREME COURT OF THE UNITED STATES,

JANUARY TERM 1831.

WITH

AN APPENDIX,

Containing the Opinion of Chancellor Kent on the Case ; the Treaties between the United States and the Cherokee Indians ; the Act of Congress of 1802, entitled " An Act to regulate intercourse with the Indian tribes, &c." ; and the Laws of Georgia relative to the country occupied by the Cherokee Indians, within the boundary of that State.

BY RICHARD PETERS,
COUNSELLOR AT LAW.

Philadelphia:
JOHN GRIGG, 9 NORTH FOURTH STREET.
1831.

El presidente elige a los magistrados de la Corte Suprema. Son nueve en total. Uno de ellos es el presidente de la Corte Suprema. Esta persona dirige la Corte Suprema. La mayoría de los magistrados han trabajado como abogados. Los abogados representan a las personas en los tribunales y tratan de ayudarlas a ganar un caso. Algunos magistrados incluso han trabajado en otras ramas del gobierno.

Magistrados de la Corte Suprema, 2014

Sonia Sotomayor
(desde 2009)

Stephen Breyer
(desde 1994)

Samuel Alito Jr.
(desde 2006)

Elena Kagan
(desde 2010)

Clarence Thomas
(desde 1991)

Antonin Scalia
(desde 1986)

John Roberts Jr.
(desde 2005)

Anthony Kennedy
(desde 1988)

Ruth Ginsburg
(desde 1993)

Thurgood Marshall

Sandra Day O'Connor

No hay límite para el tiempo que puede servir un magistrado en su cargo. Esto significa que puede trabajar en la Corte durante toda la vida. Un magistrado puede renunciar o **jubilarse**. Si hace algo mal, puede ser destituido de la Corte.

Ha habido más de 100 magistrados en la Corte Suprema. En 1967, Thurgood Marshall fue el primer magistrado afroamericano. En 1981, Sandra Day O'Connor fue la primera magistrada de la Corte Suprema. Actualmente, hay tres magistradas.

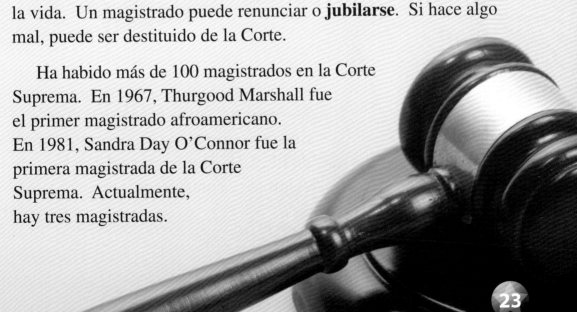

La magistrada Kagan realiza su juramentado en el Capitolio en 2010.

La Corte Suprema se asegura de que las otras dos ramas hagan su trabajo. Supervisa que respeten la Constitución de EE. UU. Esto es parte del sistema de controles y contrapesos.

La Decimonovena Enmienda les dio a las mujeres el derecho al voto.

Sixty-sixth Congress of the United States of America;

At the First Session,

Begun and held at the City of Washington on Monday, the nineteenth day of May, one thousand nine hundred and nineteen.

JOINT RESOLUTION

Proposing an amendment to the Constitution extending the right of suffrage to women.

Resolved by the Senate and House of Representatives of the United States of America in Congress assembled (two-thirds of each House concurring therein), That the following article is proposed as an amendment to the Constitution, which shall be valid to all intents and purposes as part of the Constitution when ratified by the legislatures of three-fourths of the several States.

"ARTICLE ————.

"The right of citizens of the United States to vote shall not be denied or abridged by the United States or by any State on account of sex.

"Congress shall have power to enforce this article by appropriate legislation."

F. H. Gillett
Speaker of the House of Representatives.

Thos. R. Marshall
Vice President of the United States and President of the Senate.

Los magistrados de la Corte Suprema trabajan duro para proteger los derechos de las personas. Supervisan las leyes para asegurarse de que sean justas. Es el trabajo de la Corte Suprema decidir cómo funciona la ley. Si creen que una ley va en contra de la Constitución de EE. UU. o es injusta, se rechaza. Ellos tienen la última palabra sobre las leyes. Solamente una **enmienda** de la Constitución de EE. UU. puede cambiar un fallo dictado por la Corte Suprema. Una enmienda es una modificación de la Constitución de EE. UU.

La gente celebra a Estados Unidos en 2013.

Justicia para todos

Estados Unidos tiene más de 200 años. Igual que la Constitución de EE. UU. Tenemos la constitución en práctica más antigua del mundo. Los primeros líderes hicieron una constitución fuerte. Formó un gobierno con tres ramas. Las tres ramas controlan y aplican contrapesos entre sí. De esta manera, una persona o grupo no tiene demasiado poder.

En el futuro, Estados Unidos se enfrentará a nuevos retos. La Constitución cambiará. Las tres ramas del gobierno también cambiarán. Nuestras leyes pueden cambiar. Se añadirán nuevas leyes. Pero seguirá habiendo un equilibrio de poder. Las ramas intentarán tratar a todas las personas de manera justa. Siempre habrá **justicia** para todos.

Estos hermanos lideran el Juramento de lealtad en el aniversario de la firma de la Constitución de EE. UU.

¡Escríbelo!

Aprende acerca de los líderes de tu gobierno local. Escribe una carta a un miembro del Senado o de la Cámara. ¡O escribe una carta a un juez local! Dile qué opinas de nuestro país. Explica qué tipo de leyes crees que necesita nuestro país. Habla acerca de los cambios que le harías al país. Hazle cualquier pregunta que tengas acerca del gobierno.

Los niños escriben cartas a los líderes del gobierno sobre muchas cosas.

Estimada senadora Boxer:

Hola, mi nombre es María Ross y estoy estudiando la historia de Estados Unidos. Soy estudiante de tercer grado de la Escuela Hilton en San Los Ángeles. Hemos estudiado el progreso político y la Constitución. Me dirijo a usted para analizar su opinión y su voto sobre cuestiones relacionadas con las peleas en las escuelas. Creo que las peleas son malas y que debería reconsiderar su punto de vista.

...tamente,

capitolio de EE. UU.

Congreso en sesión

Glosario

ciudadano: una persona que pertenece legalmente a un país

democracia: una forma de gobierno en la que las personas eligen a sus líderes por medio del voto

enmienda: un cambio de las palabras o los significados de una ley o documento

fallo: una decisión oficial de un juez

fuerzas armadas: organizaciones militares de un país

impuestos: una cantidad de dinero que las personas le pagan al gobierno

jubilarse: dejar de trabajar porque llegaste a una edad en la que no necesitas o no quieres trabajar

justicia: el proceso mediante el cual se usan las leyes para decidir justamente

magistrados: jueces de la Corte Suprema

proyectos de ley: descripciones por escrito de las nuevas leyes

representa: habla o actúa en nombre de alguien de forma oficial

Representantes: personas que hablan o actúan en nombre de alguien oficialmente

tratados: acuerdos oficiales entre dos o más países

vetar: rechazar oficialmente

voto: una elección oficial a favor o en contra de alguien o algo

Índice analítico

¡Tu turno!

¿Qué rama?

Supón que se vas a trabajar para el gobierno. ¿Para qué rama quieres trabajar? ¿Qué trabajo quieres hacer? Escribe una lista de ventajas y desventajas de los diferentes trabajos para ayudarte a decidir.